DISCOURS

PRONONCÉ LE 3 FÉVRIER 1891

SUR LA TOMBE DE

M. Achille BESSIÈRES

PAR

M. JULES MAYZEN

Avocat, Membre du Conseil général, chevalier de la Légion d'honneur

+

CAHORS

IMPRIMERIE CADURCIENNE, RUE J.-FRANÇOIS CAVIOLE, 2

—

1891

DISCOURS

PRONONCÉ LE 3 FÉVRIER 1891

SUR LA TOMBE DE

M. Achille BESSIÈRES

PAR

M. JULES MAYZEN

Avocat, Membre du Conseil général chevalier de la Légion d'honneur

CAHORS

IMPRIMERIE CADURCIENNE, RUE J.-FRANÇOIS CAVIOLE, 2

—

1891

M. ACHILLE BESSIÈRES

M. Achille Bessières, avocat, docteur en droit, ancien membre du Conseil général du Lot, chevalier de la Légion d'honneur, est décédé à Cahors le 31 janvier 1891.

Cette mort inattendue a jeté la consternation dans le cercle nombreux de ses amis et surtout dans la population pauvre de la ville de Cahors.

Ses funérailles ont été conduites par une foule considérable, dans laquelle on remarquait les personnalités les plus en vue des divers partis politiques, de l'armée, de la magistrature, du barreau et des diverses administrations.

Un piquet du 7ᵉ de ligne rendait les honneurs militaires.

Les associations de bienfaisance, les orphelins et les orphelines, la Société de secours mutuels, le pensionnat des Frères de la Doctrine chrétienne, précédaient le char funèbre.

De nombreux draps étaient portés par les amis de M. Achille Bessières.

Les cordons du poêle étaient tenus par MM. Mayzen, Marquès, Andurand-Rolland, François Dufour.

Après la cérémonie religieuse, le cortège s'est dirigé vers le cimetière où le corps du défunt a été placé dans le caveau de la famille.

Avant que la pierre sépulcrale se refermât sur celui qui fut pour les malheureux une véritable providence, M. Mayzen, avocat, d'une voix émue, entrecoupée de sanglots, s'est fait en ces termes l'interprète des sentiments de tous en rappelant la vie et les qualités de M. Achille Bessières :

MESSIEURS,

L'homme de bien, l'homme si bon et si aimable entre tous, que nous pleurons, nous a été si soudainement ravi, que j'ai besoin de regarder autour de moi ; et le lieu où je me trouve, et tous ces amis de Bessières qui se pressent près de ce cercueil, pour m'assurer que c'est sur sa tombe que je parle, et que c'est à lui, que je dois adresser le suprême adieu.

Hier encore, son esprit si alerte et si pétillant animait d'un tel éclat cette figure si sympathique, que la crainte d'une fin qui devait hélas ! être si prochaine n'aurait pu venir à la pensée d'aucun de nous..... Mais s'il a suffi de quelques heures d'un mal inexorable, pour anéantir cette personnalité si accusée et si vivante, son souvenir ne périra pas, et ceux auxquels il a été donné de le connaitre, garderont longtemps la mémoire de cette intelligence d'élite, et mieux encore de ce riche cœur ouvert à toutes les inspirations nobles et généreuses.

La vie de Bessières s'est écoulée toute entière au milieu de nous. Sa grande fortune, les tentations d'un rôle politique qui lui avait été souvent offert, ne purent dans aucune occasion, triompher de ses goûts simples et de son aversion pour le bruit et l'éclat.

Chacun pourrait raconter cette existence si paisible, permettez-moi cependant de vous rappeler à grands traits ne fût-ce que pour ces générations qui nous succèdent, et que leur âge rend ignorantes d'un passé déjà loin de nous, ce qu'a été Achille Bessières.

Né à Cahors en 1817, il fut bien jeune envoyé au Lycée Henri IV, dont il devint bientôt un élève distingué. C'est là qu'il puisa le germe de ce goût si sûr et si éclairé des choses littéraires, qui ne le quitta jamais, et qui donnait tant de charme à sa conversation.

Pendant son séjour à l'Ecole de droit, il lui avait été donné d'assister en simple spectateur sans doute, mais en spectateur curieux et intelligent, au grand et fécond mouvement intellectuel qui suivit la Révolution de 1830.

Cette période de sa vie tenait une large place dans ses souvenirs ; il en parlait souvent, et toujours avec un attrait communicatif et une verve intarissable, qui faisait rechercher sa compagnie, et groupait autour de lui, des auditeurs de tout âge.

Docteur en droit de la Faculté de Paris, il se hâta de rentrer à Cahors auprès de ses vieux parents qu'il aimait tendrement et qu'il ne quitta plus. Il se fit inscrire à notre barreau, et les rares occasions dans lesquelles il parut à la barre suffirent cependant à donner la mesure de sa valeur juridique à ses confrères qui, à diverses fois, l'élevèrent aux honneurs du bâtonnat.

Cette situation, et surtout sa popularité, le désignèrent à l'attention du gouvernement impérial, qui en 1855, lui confia l'administration de la ville de Cahors ; peu de temps après, le canton nord le choisit comme conseiller général.

Vous n'attendrez pas de moi, et vous ne me pardonneriez pas d'insister sur la carrière administrative de Bassières, à laquelle j'ai été trop mêlé pour en parler librement. Qu'il me soit cependant permis de rappeler que cette administration ne fut pas sans être féconde en grands travaux, parmi lesquels : le quai de ceinture de la ville, l'abattoir, la halle aux grains, le square Fénelon. La Charité, et les établissements ou fondations de bienfaisance ne furent pas oubliés ; la Société de secours mutuels dont Bessières fut le président, l'œuvre de l'extinction de la mendicité, la salle d'asile, l'institut des Frères gardent le souvenir de ses libéralités.

Au Conseil général, il sut aussi se faire une place distinguée ; et il y fit souvent triompher les intérêts de la ville qu'il gouvernait. Il vint un jour cependant où Bessières eut à compter avec l'injustice et les passions des partis politiques, et avec l'instabilité capricieuse des choses humaines ; il se retira de la vie publique avec le calme et la dignité qui conviennent à une conscience indépendante et fière ; et comme il lui plût d'oublier, je dois oublier aussi !...

Désormais, Bessières ne vécut plus que pour sa famille et pour ses amis, auxquels il avait gardé la meilleure part de lui-même : il était recherché, il était entouré, et c'est dans ce cercle intime qu'il causait volontiers et avec tant d'esprit, de tout, et sur tous les sujets ; il aurait pu écrire ses souvenirs, il préférait les raconter ; et c'est dans ces conversations intimes que par ses réparties étincelantes de verve, il donnait la mesure de l'originalité de son esprit. Loin de redouter la contradiction, il l'aimait, la provoquait même au besoin ; et s'il était prompt à la riposte, s'il savait mettre souvent les rieurs de son côté, il ne faisait jamais des blessures durables à ses adversaires.

Je vous parle de l'intelligence, de l'esprit de Bessières ; que vous dirais-je et comment vous parler en termes convenables de sa bonté infinie, de sa charité sans bornes pour les misères qui s'adressaient à lui ; quelle est l'œuvre à laquelle il n'a pas pris une large part : qu'elle est l'infortune au secours de laquelle il n'est pas discrètement venu ? Comment puis-je vous les nommer ; il en perdait volontairement le souvenir !...

Mais, n'est-il pas vrai que nous sentons que cette mort est un malheur public et que chacun de nous croit laisser dans cette tombe une parcelle de lui-même.

C'est au milieu de cette vie si paisible, si heureuse, qui semblait devoir être si longue encore qu'il s'est senti touché par la mort. Il a supporté cette épreuve avec un calme et une fermeté d'âme qu'on ne lui soupçonnait pas peut-être, et dans toute la plénitude de son intelligence et de sa volonté, il a fait appel aux secours de la Religion, et il a pu, dans ce moment suprême, et dans toute la sérénité de son âme, dire au digne prêtre qui l'assistait : *« Je meurs sans jamais avoir fait volontairement du mal à personne ! »*

Et c'est ainsi que par cette fin chrétienne, il a voulu affirmer solennellement les croyances de toute sa vie, et c'est ainsi qu'il est mort, fidèle à ses convictions, fidèle à ses amis, fidèle à Dieu, à Dieu qui dans sa miséricorde lui a réservé la récompense qu'il donne à ceux qui ont été bons sur cette terre.

Puisse cette espérance apporter une consolation au cœur de la noble femme qui fut la fidèle et dévouée compagne de sa vie, et adoucir pour elle l'amertume de la séparation.

Adieu mon cher Bessières, ne craignez pas l'oubli de ceux qui vous ont aimé, de ceux auxquels vous gardiez une si large part dans votre affection, et qui, moins heureux que vous se demandent avec tristesse s'il leur restera ici bas un ami pour mener leurs funérailles ?

Adieu, cher ami de toute ma vie, adieu encore !